ADÁN LA HORMIGA

EL HÉROE DE LA ACADEMIA INSECTUM

ESCRITO POR
JULIE AWERKAMP
Y
HOLLY ANDREASON

ILUSTRADO POR
JESI YAP

TRADUCIDO POR
RICHARD HENDRICKSEN

Para Adán, que es más feliz cuando sus manos están
en la tierra y cuya curiosidad, sensibilidad y
humor alegran nuestras vidas.
–Julie

Para mamá y papá, que son mis luciérnagas cada vez
que me encuentro perdido en la oscuridad.
–Holly

Para todos los niños, tanto jóvenes como viejos que no
tienen miedo de ser exactamente quienes son.
–Jesi

Esta edicíon se publicó por primera vez en 2020 por Lawley Publishing, una división de Lawley Enterprises LLC.

Propiedad Intelectual © 2020
Por Jolly Good Books
reservados todos los derechos

Lawley Publishing
70 S. Val Vista Dr. #A3 #188
Gilbert, Az. 85296
www.LawleyPublishing.com

En general, los estudiantes en la clase de la señorita María Mantis en La Academia Insectum eran un enjambre feliz.

Maribel Mariposa siempre estaba rodeada de una bandada de admiradores mientras revoloteaba con dulzura alrededor del aula.

Alejandro Abejorro traía todos los días los pasteles más deliciosos de miel dorada para compartir con sus agradecidos compañeros de clase.

Cheche Chinche se especializaba en chistes graciosos y bromas tontas. Cada vez que los sonidos de risas o risitas resonaban en un grupo de estudiantes, sin duda Cheche estaba cerca.

Gracia Grillo era la mejor en la clase de música, y podía hacer llorar hasta los bichos más malhumorados con sus melodías chirriantes.

Abi Araña era elegida primero para cualquier deporte que practicaba. Se subía al gimnasio de ramitas más rápido, pateaba la bola de zarza más lejos, y botaba la bola de estiércol mejor que nadie.

Leena Luciérnaga era brillante por dentro y por fuera. Tenía una personalidad chispeante con una amabilidad brillante que atraía a otros hacia ella constantemente.

Adán Hormiga, sin embargo, era un poco diferente. Era un insecto tímido y curioso. Pero, más que nada, a Adán le encantaba cavar. Se despertaba todas las mañanas, estiraaaaaba cada una de sus fuertes piernas, se ponía sus guantes azules de trabajo favoritos y se dirigía al jardín trasero.

Pasaría el día cavando túneles profundos, diseñando intricados sistemas de canales, formando ciudades subterráneas para sus camiones de juguete y forjando grietas para sus fingidas búsquedas del tesoro.

La única vez que descansaba era cuando, de mala gana, iba a la escuela. Pero una vez allí solo se sentaba junto a la ventana, mirando hacia afuera a los irresistibles montículos de tierra, y soñaba con el momento en que la campana sonaría para el recreo y podía trabajar en su nueva creación.

Cada vez que Adán terminaba un túnel del que estaba especialmente orgulloso, deseaba tener amigos con los cuales pudiera disfrutarlo.

Reuniría el coraje para acercarse a los otros insectos...pero ninguno de ellos tenía interés en participar en una actividad tan sucia que ni siquiera era entretenida como bromear, zumbar, arreglarse, ensayar, botar o brillar.

A veces, Adán deseaba que su talento fuera algo que otros disfrutaran también.

Un soleado día de otoño, mientras Adán luchaba por concentrarse en su lección de mantis-máticas, sus antenas comenzaron a temblar. Algo malo pasaba, de eso estaba seguro. Sintió un profundo retumbo que lo agitó hasta el tórax.

Uno por uno, Adán vio a sus compañeros de clase erguirse con temor. Cuando la academia entera comenzó a temblar, Abi Araña se lanzó hacia la ventana y todos los otros bichos corretearon tras ella.

Los bichitos se pusieron histéricos al ver la brillante hoja de metal de una gigante excavadora amarilla asilando todo a su paso. Estaba tan cerca de su amada escuela que no había tiempo para escaparse.

Cuando la máquina se acercó a la escuela, los estudiantes se escondieron a toda velocidad debajo de sus escritorios, protegiendo sus antenas debajo del abdomen. Cuando el rugido del motor se volvió ensordecedor, los bichos fueron sacudidos por el aula. Se retorcieron y chocaron contra rocas, útiles escolares, montículos de tierra y entre sí.

Justo cuando parecía que la experiencia pesada nunca terminaría, el temblor se detuvo y todo quedó absolutamente quieto.

Completamente rodeados de oscuridad, la señorita Mantis llamó el nombre de los estudiantes para asegurarse de que todos estuvieran a salvo. Uno por uno respondieron con voces temblorosas.

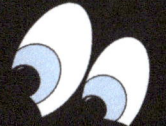

Luego ella convenció a una luciérnaga muy asustada para que brillara, y todos los bichitos se acurrucaron alrededor de esa luz. Aunque ese pequeño parpadeo fue reconfortante, también reveló que la excavadora los había atrapado en el subsuelo.

Mientras que la señorita Mantis continuaba calmando a los ansiosos estudiantes, Abi y Alejandro comenzaron a golpear la tierra llena de ramas afiladas y piedras rotas. Maribel gritó por socorro.

Entre el caos, un pequeño insecto tranquilo metió la mano en su bolsillo trasero y se puso un par de guantes azules de trabajo sobre sus fuertes y callosas patas delanteras. Sin ninguna fanfarria comenzó a cavar.

Los otros bichos pronto notaron el progreso de Adán y corrieron hacia él para ayudar. Al principio fueron útiles, pero sus piernas no estaban entrenadas para cavar la tierra dura.

Pronto los bichos se desgastaron, quejándose de ampollas y dolores musculares.

Pero Adán siguió adelante. Cavó más rápido y a más distancia. Todos los bichitos estuvieron asombrados por su fuerza y velocidad, y comenzaron a gritar palabras de aliento.

Finalmente, los rayos del sol empezaron a asomarse a través del suelo. Las palabras de animo se hicieron más fuertes y Adán continuó hasta que esos pequeños guantes azules irrumpió por la superficie.

Adán se levantó de la tierra oscura y luego ayudó uno por uno a sus compañeros de clase. Se abrazaron y la chocaron los cinco antes de corretear o volar a sus propias colonias y enjambres. La señorita Mantis fue la última en salir. Su rostro brilló con gratitud cuando se inclinó y abrazó al humilde héroe antes de regresar a su casa.

Adán se quedó un rato más disfrutando del cálido sol.
Descansó sobre suaves hojas de hierba y miró las nubes.

Lo había hecho.
Todas esas horas solitarias excavando grietas y
canales habían salvado a toda la Academia.

Había hecho el mejor túnel de su vida y
estaba orgulloso de sí mismo.

Aunque tardó mucho tiempo, la escuela fue reconstruida. Sin embargo, las cosas eran un poco diferentes en La Academia Insectum desde entonces.

Maribel Mariposa tenía sus admiradores, Alejandro Abejorro traía las mejores golosinas, Cheche Chinche ocupaba el puesto de payaso de la clase, Gracia Grillo tocaba música hermosa, Abi Araña era elegida primero para todos los juegos, y Leena Luciérnaga brillaba con amabilidad.

Pero la fuerza, el carácter y el talento de la hormiga que vino al rescate nunca volverían a pasar desapercibidos.

Y de vez en cuando, todos los bichos pasaban un tiempo cavando en el recreo ... juntos.

¡Caramba! Adán perdió sus guantes. ¿Puedes ayudarlo a encontrarlos?

CPSIA information can be obtained
at www.ICGtesting.com
Printed in the USA
LVHW071507100920
665602LV00023B/425